Martin Baxendale

Frauen ab 50 – jetzt tobt das Leben!

Eine Gebrauchsanleitung

Dieses Buch wurde gefühlsmäßig überwiegend eher in der älteren Rechtschreibung übersetzt.

FÜR JUGENDLICHE UNTER 50 NICHT GEEIGNET!

1 2 3 4   08 07 06

LIFE AFTER 50 – A SURVIVAL GUIDE FOR WOMEN:
© 2005 Martin Baxendale

© für die deutsche Ausgabe:
Eichborn AG, Frankfurt am Main, Februar 2006
Lektorat und Übersetzung: Matthias Bischoff
Umschlaggestaltung: Christina Hucke
Gesamtherstellung: Fuldaer Verlagsanstalt, Fulda

ISBN 3-8218-4941-X

Verlagsverzeichnis schickt gern:
Eichborn Verlag, Kaiserstraße 66, 60329 Frankfurt am Main
www.eichborn.de

Vorwort

50 geworden zu sein macht Ihnen gar nichts aus, sagen Sie? Ach so, klar – Sie sind schon verzweifelt, seit Sie 40 wurden …

Aber jetzt sind Sie mindestens 50. Und das bedeutet: Sie achten beim Sex vor allem darauf, daß Ihre Frisur nicht verrutscht. Wenn Sie nicht überhaupt lieber auf Sex verzichten, weil doch das Bett gerade frisch bezogen ist. Stattdessen kommen Sie Ihrer Vermehrungs-Pflicht nach, indem Sie gemeinsam ein paar Balkonpflanzen setzen …

Aber Sie müssen jetzt nicht verzweifeln. Mit Hilfe der folgenden Sammlung unschätzbar wertvoller Ratschläge und wirksamer Soforthilfe werden Sie leichter mit dem unaufhaltsamen Verfallsprozeß fertig, und das heranrückende Alter verliert für den aufmerksamen Leser seine irrationalen Schrecken.

Stattdessen werden Sie fortan frohgestimmt den Greisenjahren entgegenschreiten, mit jedem Tag runzliger und altersschwach, aber mit diesem praktischen Lebenshilfe-Büchlein im Nachtschränkchen jederzeit bereit, die Wonnen des Lebens bis ins hohe Alter genießen.

Wenn Sie über 50 sind,
sollten Sie bestimmte Dinge
lieber nicht mehr probieren.
Zum Beispiel fünfmal
in einer Nacht Sex zu haben …

Wachbleiben beim Sex (1)

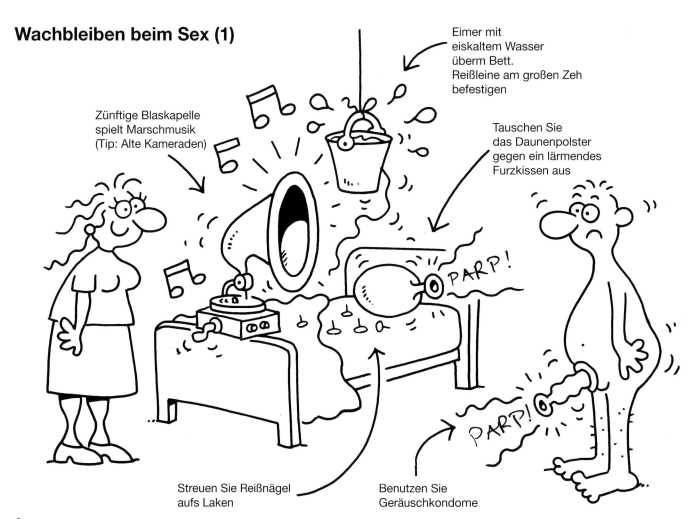

Wachbleiben beim Sex (2)

Wachbleiben beim Sex (3)

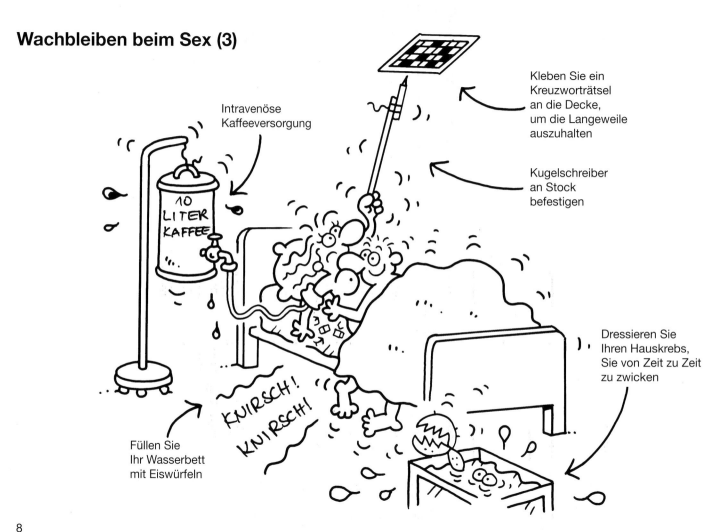

Wachbleiben beim Sex (4)

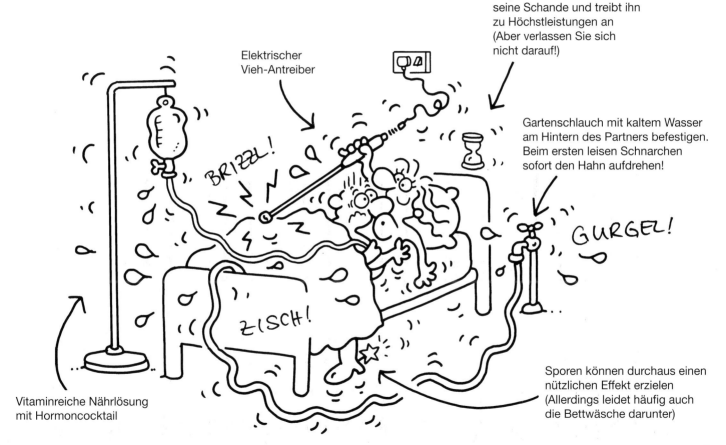

Fertigwerden mit grauen Haaren

Grundausstattung:

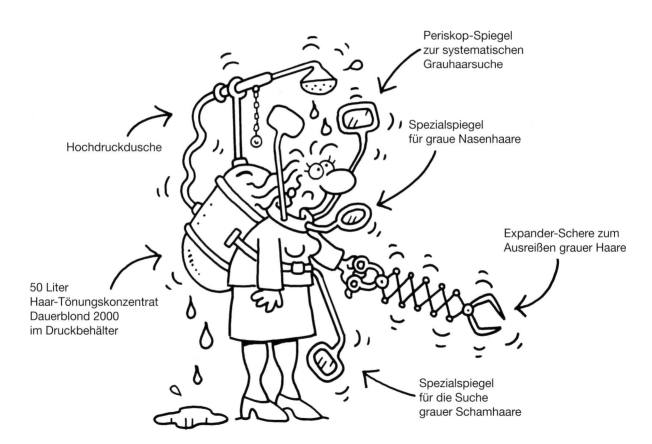

Wie Sie Falten vermeiden

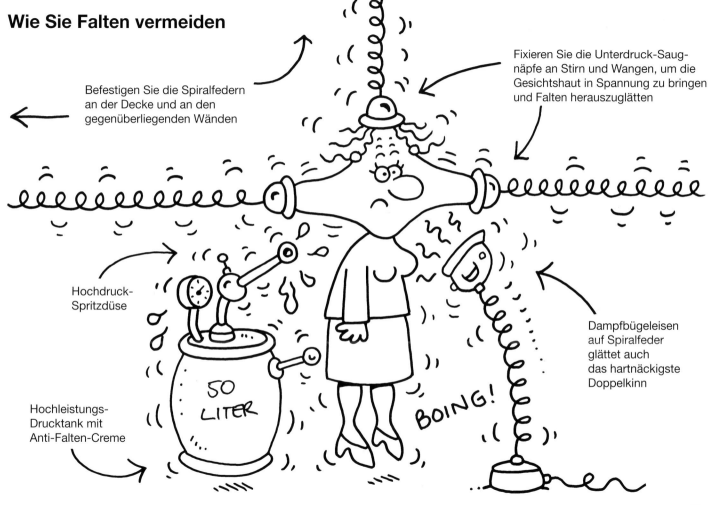

Sex ohne Herz-Infarkt (1)
Die Bungee-Methode

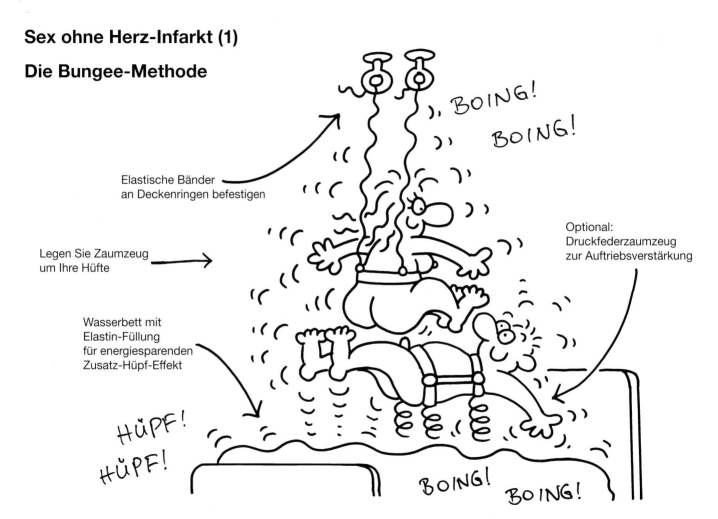

Sex ohne Herz-Infarkt (2)
Die Sauerstoff-Nummer

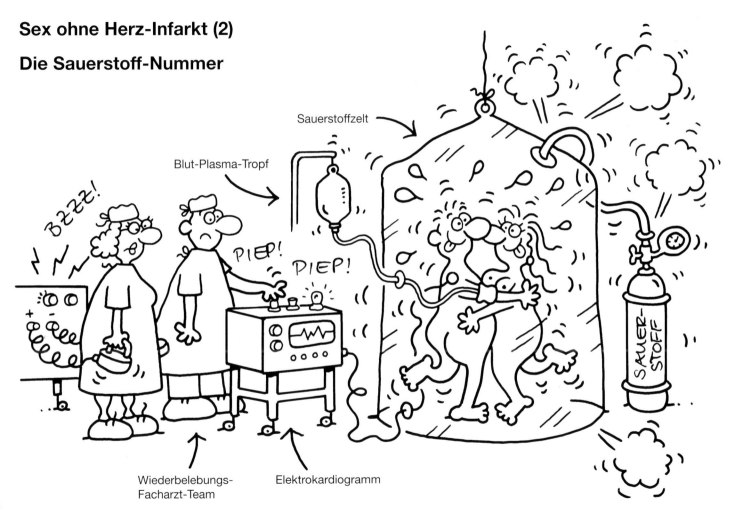

Der Geburtstagsparty gewachsen sein (1)

Der kleine Imbiss

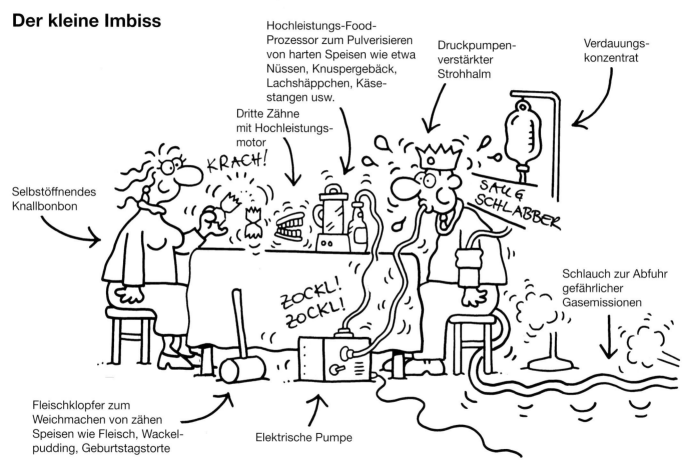

Der Geburtstagsparty gewachsen sein (2)

Der Geburtstagsparty gewachsen sein (3)

Gefahrlos Knutschen auch im hohen Alter

Der Geburtstagsparty gewachsen sein (4)

Der Kater danach

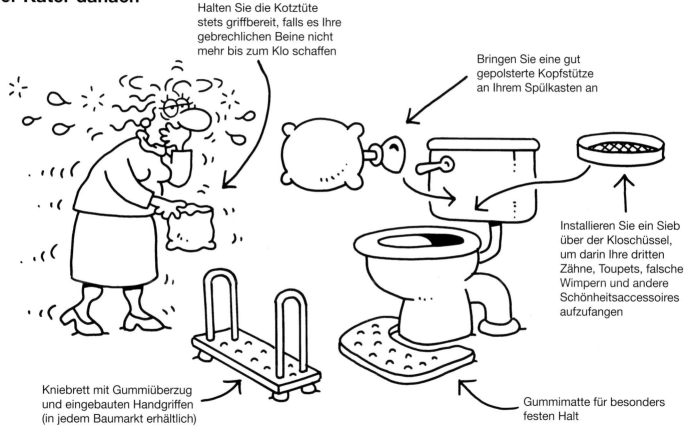

Überleben auf der Tanzfläche (1)

**Praxistip No. 1:
Wie Sie Ihre morschen Knochen
zum Schunkeln
und Abhotten kriegen**

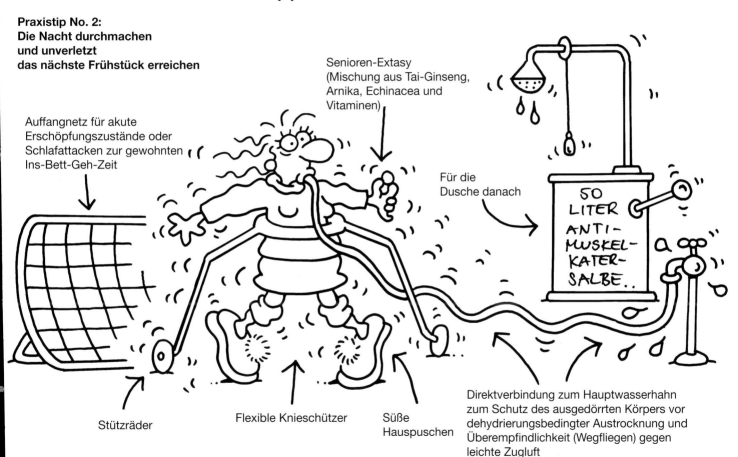

Wie Sie mühelos multiple Orgasmen vortäuschen

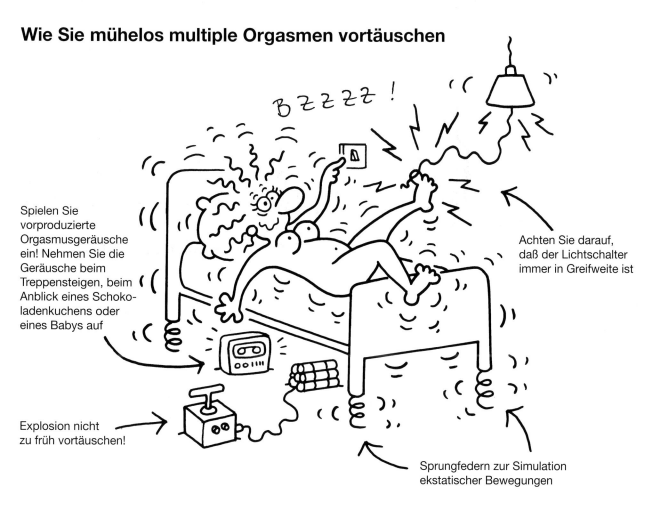

Auch als Greisin noch voll im Trend

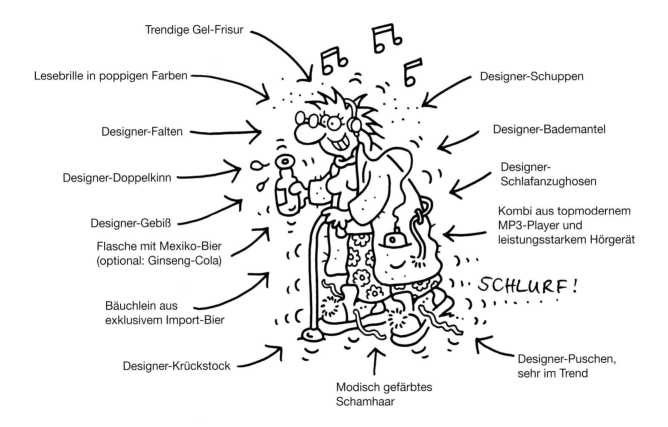

Gesund leben im hohen Alter

Sex-Tips für Greise (1)

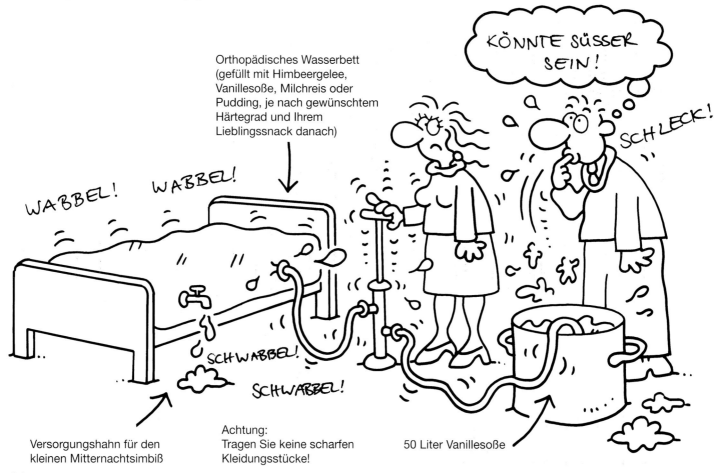

Sex-Tips für Greise (2)

Hilfsmittel für Frauen

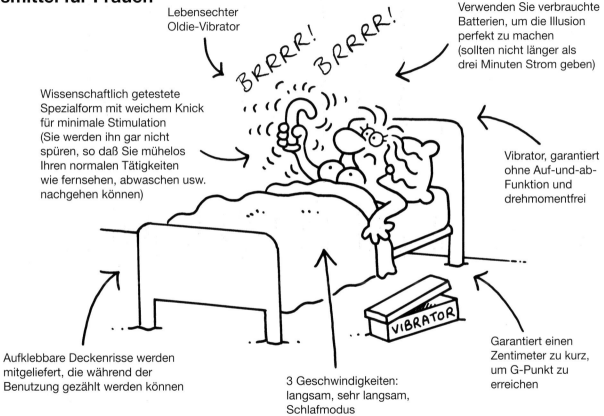

Sex-Tips für Greise (3)

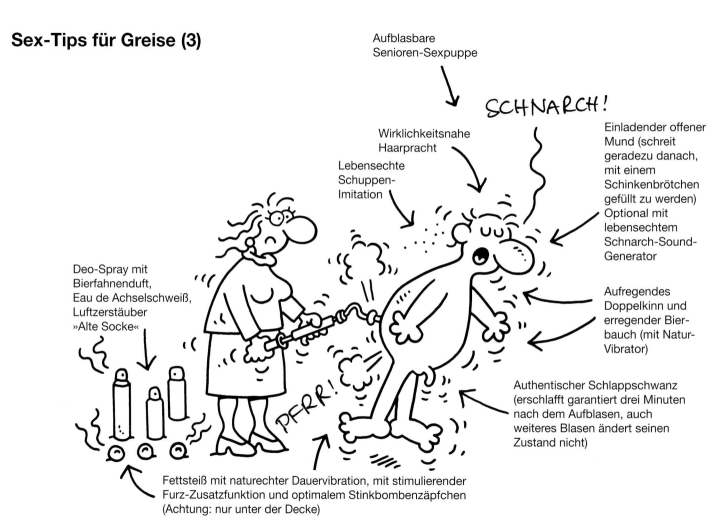

Die erogenen Zonen der Senioren

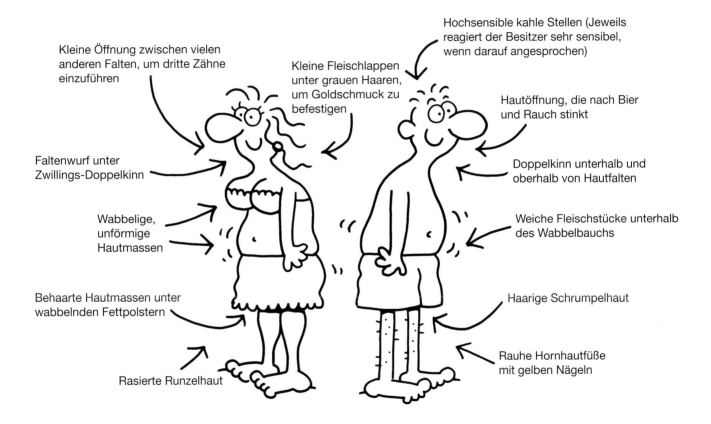

Vorspiel für Senioren

1. Waschen Sie ab und bringen Sie die Kinder ins Bett

2. Diskutieren Sie über die Hypothekenraten und streiten Sie sich über das Haushaltsbudget

3. Weinen Sie hemmungslos

4. Brechen Sie vor dem Fernseher zusammen

5. Rufen Sie Ihre beste Freundin an

6. Lassen Sie sich eine Pizza bringen. Sehen Sie sich einen Spätfilm an, schlafen Sie auf dem Sofa ein

7. Backen Sie Pfannkuchen, kochen Sie heiße Schokolade, prüfen Sie noch mal die Hypothekenraten, entwerfen Sie einen Sparplan usw.

8. 23.00 Uhr: Putzen Sie sich demonstrativ im Wohnzimmer die Zähne und gehen Sie mit verführerischem Hüftgelenkwackeln zu Bett

9. 1.00 Uhr: Ihr Mann putzt sich gähnend die Zähne und kommt furzend ins Schlafzimmer geschlurft.

10. 1.05 Uhr: Sie stehen wieder auf, gehen aufs Klo, sehen nach den Kindern, sortieren die Rezepte fürs Wochenende, weinen eine Runde, trinken eine Flasche Sekt, nehmen 6 Beruhigungstabletten und gehen wieder ins Bett.

11. Der Akt. Sollte der unwahrscheinliche Fall eintreten, daß Sie tatsächlich dieses finale Stadium erreichen, lesen Sie bitte die Hinweise auf der folgenden Seite

Die flotte Greisennummer (Ein Wiederholungskurs)

1. Konsultieren Sie Ihren Hausarzt für einen Rundum-Check und eingehende Vorsorge-Untersuchung (Blutdruck, EKG, eventuelle Atemprobleme)

2. Akt-Vorbereitungs-Fitneß-Training (mindestens drei Wochen tägliches Joggen, Radfahren, Gewichtstraining, Liegestützen, Zungenaerobic)

3. Überprüfen Sie in aller Ruhe die Funktionsfähigkeit Ihrer körpereigenen Sexinstrumente und die Gebrauchstüchtigkeit der Hilfsmittel (auf Batteriestärke achten!), besonders dann, wenn diese lange nicht mehr in Benutzung waren. Stellen Sie sicher, daß sämtliche elektrischen Hilfsmittel mit einer Notunterbrechung ausgestattet sind, um die Gebrauchsicherheit zu gewährleisten, besonders in feuchten Körperregionen und bei reibungsintensiven Tätigkeiten (Überhitzungsgefahr)

4. Vorspiel (siehe vorherige Seite) Beachten Sie: Überall werden Kurse für Wiedereinsteiger angeboten, fragen Sie in Ihrer Volkshochschule nach Senioren-Swinger-Seminaren

Eine Ganzkörpermassage mit Massageöl kann eine überaus erotisierende Erfahrung sein und zudem auf verspannte, alternde Muskulatur entspannend wirken

5. Stellen Sie sicher, daß Ihr Partner anwesend ist. Kontrollieren Sie, ob wach, atmend, angeschwollen.

6. Beginnen Sie die Anmache (keine Sorge, das ist wie beim Radfahren: einmal gekonnt, verlernt man's nie! Aber so eins, zwei Mal runterfallen müssen Sie schon einkalkulieren).

7. Keuchen, husten, japsen Sie, ringen Sie nach Luft und warten Sie darauf, daß der Raum aufhört, sich zu drehen.

8. Beklagen Sie sich über plötzliche stechende Rückenschmerzen. Legen Sie eine kurze Massagepause mit erotisierendem Öl ein.

9. Legen Sie eine kleine Kaffeepause ein und/oder finden Sie überraschend das Buch wieder, das Sie immer schon zu Ende lesen wollten.

10. Wiederholen Sie Schritte 5-9, bis einer der Partner zu schnarchen beginnt.

11. Erholung und Entspannung: Stellen Sie den Wecker, suchen Sie im Telefonbuch nach einem Herzchirurgen, erkundigen Sie sich nach Pflegeheimen.

Bitte beachten Sie: Am wichtigsten für einen lustvollen Akt im Alter ist das Timing. Idealerweise sollten beide Partner gleichzeitig einschlafen

**Und sowas
kriegt frau geschenkt,
wenn sie 50 ist.
Toll, was?**

Ihr Mann

Normalbetrieb, Pflege und Pannenhilfe

BEDIENUNG DER KONTROLLEINHEIT

Am wichtigsten bei der Inbetriebnahme Ihres Mannes ist es, daß Sie ihn dazu bringen, zu tun, was Sie wollen.

Natürlich könnten Sie immer wieder versuchen, mit ihm zu reden, aber leider ist es infolge eines grundsätzlichen Konstruktionsfehlers den meisten Modellen vollkommen unmöglich, auf weibliche Halter zu hören. Tut uns wirklich sehr leid.

Glücklicherweise hat sich jedoch herausgestellt, daß der durchschnittliche Mann überaus leicht zu manipulieren ist, sogar gänzlich unerfahrene Frauen können die Anwendung dieser simplen Tricks sehr schnell lernen. Die grundlegenden Kontrollmechanismen lauten wie folgt (nicht unbedingt in dieser Reihenfolge):

A) Weinen B) Sex C) Kein Sex D) Herumnörgeln E) Schluchzen F) Schmollen G) Immer noch kein Sex H) Boxen, Treten, Kratzen und Beißen I) Dinge werfen (am besten seine) J) Mit »Nie-wieder-Sex!« drohen K) Dann doch wieder Sex L) Verlassen M) Anwälte N) Noch mehr Anwälte

NORMALE BETRIEBSPOSITIONEN

Ihr Mann verfügt über eine Vielzahl überaus variationsreicher Betriebspositionen; die hier folgenden werden Sie in über 90 Prozent aller Fälle vorfinden:

POSITION NR. 1

Betriebsmodus:

Ich helfe dir im Haushalt
Ich baue die Regale auf
Ich suche einen neuen Job

POSITION NR. 2

Betriebsmodus:

Ich werde mal das Gästezimmer neu streichen
Ich mähe den Rasen
Ich höre dir zu/ich verstehe dich

POSITION NR. 3

Betriebsmodus:

Ich bring die Kinder ins Bett
Ich wasche ab
Ich gehe mit dem Hund raus
Ich komm gleich ins Bett

Betriebspositionen im Betriebsmodus Sex:

(A) 0 ⟶ 3 MINUTEN

B) 3 MINUTEN ⟶ NÄCHSTER MORGEN

C) VORSPIELPOSITION: Siehe dazu Position Nr. 3, Ich-komm-gleich-ins-Bett-Modus.

WAHL DER VERSCHIEDENEN BETRIEBSARTEN

ONE-NIGHT-STAND-MODUS

Falls Sie nach der ersten Begegnung mit Ihrem langersehnten und unter tausenden ausgesuchten Modell das Gefühl haben sollten, daß bei ihm der One-night-stand-Modus eingestellt war, während Sie eigentlich auf eine längere Beziehung aus waren, empfehlen wir für die Zukunft unbedingt die folgende Prozedur (mit Erfolgsgarantie!):

A) Füllen Sie den Kerl bis obenhin ab.

B) Schleppen Sie ihn zu einem Tätowierer und lassen Sie folgendes auf seine Arme, seinen Rücken, Bauch, Hintern und, ja dorthin auch, tätowieren:

Ihr Name, Adresse und Telefonnummer, Faxnummer, E-Mail-Adresse, Personalausweisnummer und Blutgruppe, dazu noch einige erotische Aktbilder von Ihnen an möglichst sichtbaren Stellen.

C) Warten Sie auf seinen Anruf.

Bitte beachten Sie: Bei einem bereits in Ihrem Besitz befindlichen Modell, kann sich diese Methode als ebenso nützlich erweisen; nämlich dann, wenn Sie verhindern wollen, daß andere Halterinnen sich an Ihren Mann heranmachen und Sie ihn unter Kontrolle halten wollen (vor allem dann, falls Ihr Mann immer wieder selbsttätig in den One-night-stand-Modus verfällt).

MAL-AUF-EIN-BIERCHEN-GEHEN-MODUS

Viele Männer-Halterinnen mußten leider die Erfahrung machen, daß ihr Modell dazu neigt, urplötzlich in diesem Modus einzurasten (um hinterher die peinlichsten und albernsten Entschuldigungen vorzubringen) und die weitaus nützlicheren Betriebseinstellungen schlichtweg zu überspringen, wie etwa den Abwasch-Modus, Kinder-ins-Bett-bringen-Modus, Regale-aufbauen-Modus, Rasenmähen-Modus, Mit-dem-weiblichen-Halter-sprechen-Modus.

Wie der »Mal-auf-ein-Bierchen-gehen-Modus« ausgelöst wird:
Dieser bei nahezu allen Modellen überaus beliebte Betriebsmodus wird durch die folgenden Faktoren ausgelöst, am häufigsten, wenn sie alle zusammen auftreten:

A) Fertig zu abend gegessen

B) Nichts im Fernsehen

C) Haustür offen

WIE SIE IHN WIEDER LÖSCHEN:
Es gibt leider keine Garantie, daß eine der folgenden Maßnahmen für sich genommen bereits den gewünschten Effekt erzielt. Alle zusammen allerdings können die Auslösung des »Mal-auf-ein-Bierchen-gehen-Modus« zumindest verzögern, manchmal sogar ein bis zwei Nächte lang.

A) Verriegeln Sie sämtliche Türen und Fenster, schließen Sie die Schlüssel weg (und vergessen Sie die Katzentür nicht!).

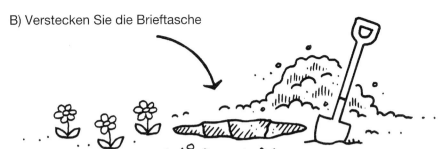

ANMACH-MODUS

Dieser grundsätzlich in alle Männer-Modelle eingebaute Betriebsmodus hat bei den meisten weiblichen Männer-Haltern nur wenig Begeisterung ausgelöst, ja die meisten reagieren äußerst verstimmt.

Unglücklicherweise haben umfangreiche Testreihen erwiesen, daß eine Umprogrammierung der Männer-Modelle so gut wie unmöglich ist und sie mit unverminderter Lust immer wieder diese Betriebsposition einnehmen. Nichtsdestotrotz sollten Sie's immer wieder versuchen, und wir empfehlen die folgenden Gegenmaßnahmen in der angegebenen Reihenfolge:

A) Gezielte Rippenstöße mit dem Ellenbogen

B) Ein Schlag auf den Kopf mit der Handtasche

C) Ein Bier über den Kopf schütten

D) Gezielter Tritt in die Leistengegend

E) Besorgen Sie sich bei einem Reiterhof einen Satz Scheuklappen

Sollte keine dieser Maßnahmen geeignet sein, bei Ihrem Modell den Anmach-Modus auszuschalten, müssen wir Ihnen leider empfehlen, von Ihrem Umtauschrecht Gebrauch zu machen und Ihr Modell so schnell wie möglich gegen ein neues, zuverlässigeres umzutauschen.

KLOBRILLEN-RUNTERKLAPP-MODUS

Jahrelang haben sich unsere besten Ingenieure und Programmierer vergeblich bemüht, diese so grundlegende Betriebsfunktion in die gängigen Männer-Modelle zu integrieren und ihr reibungsloses Funktionieren zu gewährleisten – leider ohne jeden nennenswerten Erfolg.

Es steht Ihnen frei, nun Ihrerseits zu versuchen, die grundlegenden Parameter Ihres speziellen Modells zu modifizieren und seine Fähigkeiten in bezug auf das Herunterklappen der Klobrille wenigstens ein Stück weit zu optimieren. Wir dürfen Ihnen nicht verschweigen, daß Sie damit höchstwahrscheinlich Ihre Zeit vergeuden. Der geheimnisvolle Drang, den Toilettensitz nach dem Pinkeln aufgeklappt zu lassen, scheint ebenso unauslöschlich zur Grundausstattung des Mannes zu gehören wie sein rätselhaftes Vergnügen daran, im Stehen zu pinkeln.

Das einzige, was wir Ihnen raten können, ist, eine starke Feder an Ihrer Klobrille zu befestigen, um sicherzustellen, daß der Sitz in seine ursprüngliche Position zurückschnappt, sobald Ihr Mann mit dem Pinkeln fertig ist.

ERZIEHUNGS-MODUS

Ihr Mann-Modell verfügt über zahlreiche Erziehungsfunktionen, die den Horizont und das Wissen Ihrer Familie garantiert erweitern.

A) Erweiterung des Wortschatzes Ihrer Kinder

B) Verbesserung Ihrer Fähigkeiten als Autofahrerin

C) Aufklärung darüber, wie verdammt nervtötend so ein Mann sein kann

NÜTZLICHE WECKFUNKTION AM FRÜHEN MORGEN

Zugegebenermaßen eine überaus praktische Service-Leistung der meisten Männer-Modelle, falls Ihr Wecker mal nicht funktioniert; allerdings nicht immer ganz willkommen so früh am Morgen.

NICHT GANZ SO NÜTZLICHE MITTERNACHTS-WECK-FUNKTION

Diese funktioniert auf ganz verschiedene Weise, so wie hier demonstriert:

TASCHENBILLARD-FUNKTION

Diese höchst unterhaltsame Basisfunktion der meisten Männer-Modelle ist überaus häufig zu beobachten, ja in manchen Fällen nahezu ununterbrochen festzustellen.

Ein bißchen Kleingeld reicht schon aus, um diese Funktion in Gang zu setzen, sobald Ihr Mann gerade nichts zu tun hat (also fast immer) und die Hände frei spielen können, also etwa an der Bushaltestelle, in der Kneipe, beim Schlangestehen oder während er ungeduldig darauf wartet, daß Sie mit der Auswahl eines Kleidungsstücks endlich fertig werden.

EIERSCHAUKEL-FUNKTION

Hat Ihr Mann gerade mal kein Kleingeld in der Tasche, spielt er Taschenbillard mit körpereigenem Zubehör. Das geht zwar merklich geräuschloser vonstatten, ist dafür aber weitaus peinlicher, zumal er auch in der Öffentlichkeit nicht davon abläßt.

ANSCHLUSS AN ANDERE HAUSHALTSGERÄTE

Nette Idee. Schade nur, daß daraus nichts wird. Unsere Ingenieure können sich leider nicht erklären, woran es liegt, doch leider ist es ein unumstößlicher Erfahrungswert, daß die meisten Männer vollkommen inkompatibel in bezug auf Haushaltsgeräte aller Art sind, am ernüchterndsten sind die Erfahrungen mit den haushaltsüblichen Reinigungsgeräten.

Während also der Gedanke, Ihren Mann an ein anderes Haushaltsgerät anzuschließen und mit diesem zu arbeiten, grundsätzlich sehr begrüßenswert ist, werden Sie in der Praxis leider feststellen müssen, daß er absolut unfähig ist, die komplexen Bedienungsprozeduren dieser Geräte zu begreifen und ihm die Funktionsweise von Waschmaschinen, Spülmaschinen, Staubsaugern, Wäschetrocknern usw. ewig ein Rätsel bleiben wird.

Perfekter Sex?
Aber jaaa!

Von der erfolgreichen Suche nach dem G-Punkt über devote Fesselspielchen mit Verwöhnaroma bis zu Sextremsportarten in freier Natur: Humor-Sexperte Martin Baxendale lässt die Hormone fliegen ...

Martin Baxendale
Perfekter Sex. Eine Gebrauchsanleitung
32 Seiten · Broschiert · € 5,95 (D) · sFr 9,90 · ISBN 3-8218-3580-X

Kaiserstraße 66
60329 Frankfurt
Telefon: 069 / 25 60 03-0
Fax: 069 / 25 60 03-30
www.eichborn.de

Wir schicken Ihnen gern ein Verlagsverzeichnis.